COMMISSION

INSTITU

PAR LA CHAMBRE DE COMMERCE DE LILL'

POUR L'ÉRECTION D'UN

MONUMENT

A L'EMPEREUR NAPOLÉON 1.er

au centre de la Bourse de Lille.

Lille—Imp. L. Danel.

COMMISSION

INSTITUÉE

PAR LA CHAMBRE DE COMMERCE DE LILLE

POUR L'ÉRECTION D'UN

MONUMENT

A L'EMPEREUR NAPOLÉON 1.er

au centre de la Bourse de Lille.

COMPOSITION DE LA COMMISSION :

Président honoraire.

M. DE PERSIGNY, ministre de l'intérieur, de l'agriculture et du commerce.

Vice-Président honoraire.

M. FORTOUL, ministre de l'instruction publique et des cultes.

Membres honoraires.

MM. les Sénateurs :
Général Baron D'ANDRÉ.
DUMAS.
Général FOUCHER.
Maréchal MAGNAN.
MARCHANT.
MIMEREL.

MM. les Députés :

> SCHNEIDER, ancien ministre du commerce, vice-président du corps législatif.
>
> CHOQUE.
>
> DE CLEBSATTEL.
>
> Baron DE LA GRANGE.
>
> DESCAT.
>
> LEGRAND.
>
> LEMAIRE.
>
> SEYDOUX.

Mgr. l'Archevêque de Cambrai.

M. VAÏSSE, conseiller d'état.

M. LESTIBOUDOIS, maître des requêtes au Conseil-d'État.

M. le Général de division commandant la 3.e division militaire.

M. le Préfet du Nord.

MM. les Sous-Préfets du département du Nord.

M. le premier Président de la cour impériale de Douai

M. le Procureur-général près la même cour.

M. le Général commandant le département du Nord.

M. l'Inspecteur général du ministère de la police à Lille.

M. le Président du tribunal civil de Lille.

M. le Maire de la ville de Lille.

M. le Procureur impérial près le tribunal de Lille.

M. le Receveur-général des finances du département du Nord.

M. le Président et MM. les Vice-Présidents de la Société d'encouragement pour l'industrie nationale.

M. le Président de la Société centrale d'Agriculture de Paris.

Membres résidants.

MM.

BENVIGNAT,	architecte à Lille.
BIGO-TILLOY,	fabricant de sucre, maire de la commune d'Esquermes.
DANSETTE,	maire de la ville d'Armentières, membre du conseil général, ancien membre de la chambre de commerce, président du comité des tissus de lin.

Delesalle, Emile, membre du tribunal et de la chambre de commerce, secrétaire du comité de la filature de lin.

Descamps, Alfred, membre de la chambre de commerce, ancien membre du tribunal de commerce, fabricant de fils retors.

Descat-Leleux, manufacturier, membre de la chambre de commerce et du conseil municipal.

Droulers, filateur de lin, membre du comité de la filature de lin.

Duhaut, ancien colonel de la garde nationale, négociant et fabricant de sucre, membre du comité des sucres.

Kuhlmann, président de la chambre de commerce, membre du conseil général, correspondant de l'Institut de France.

Lefebvre, Julien, membre du conseil général et de la chambre de commerce, vice-président de la chambre consultative d'agriculture.

Legavrian, constructeur-mécanicien, secrétaire du comité des industries annexes à la sucrerie indigène.

Le Glay, conservateur des archives départementales, président de la Société d'agriculture, des sciences et des arts, de Lille.

Loyer, filateur de coton à Wazemmes, membre de la chambre de commerce.

Mourmant, raffineur de sucre, membre du conseil général, maire de la ville de Wazemmes.

Reynart, conservateur du Musée, à Lille.

Rouzé, Th.re, président du tribunal de commerce, membre de la chambre de commerce, directeur du comptoir national d'escompte, à Lille.

Scrive - Bigo, membre du tribunal et de la chambre de commerce, président du comité de la filature de lin.

Tilloy-Casteleyn, membre du tribunal de commerce, membre et ancien président de la chambre de commerce, président du comité des sucres.

Verley, Ch.   directeur de la succursale de la Banque de France , à Lille , ancien président du tribunal de commerce, membre de la chambre de commerce et du conseil municipal.

Wallaert-Crépy ,   fabricant de sucre et filateur de lin , membre du comité de la filature de lin.

Al. Blondeau ,   secrétaire de la chambre de commerce.

Membres correspondants.

MM. les Présidents des chambres de commerce de

Dunkerque ,

Valenciennes ,

Arras ,

Amiens ,

Saint-Quentin.

MM. les Présidents des chambres consultatives, des arts et manufactures de

Cambrai ,

Roubaix ,

Tourcoing.

M. le Président de l'association pour la défense du travail national.

MM. les Présidents des Sociétés d'agriculture de

Dunkerque ,

Hazebrouck ,

Bailleul ,

Douai ,

Cambrai ,

Valenciennes ,

Avesnes ,

Maubeuge.

MM

Blanquet ,   raffineur de sucre à Famars , membre de la chambre de commerce de Valenciennes.

Bomart, Anacharsis, délégué de l'arrondissement de Douai près la chambre de commerce de Lille.

Bocquet-Lenglart, fabricant et raffineur de sucre, à Corbehem.

J.-F. Cail,   constructeur-mécanicien , à Paris et à Denain.

Crespel-Dellysse , fabricant de sucre , membre de la chambre de commerce d'Arras.

Coudroy ,   constructeur - mécanicien , à Dorignies - lez-Douai.

Desportes ,   filateur de lin, secrétaire du comité de la filature du lin , à Amiens.

Dierickx ,   directeur de l'hôtel des monnaies , à Paris.

Feray , Ernest ,   président du comité de la filature du lin , à Essonne.

Gouvion ,   fabricant de sucre , membre du comité des sucres de l'arrondissement de Valenciennes, à Denain.

Guilbert ,   fabricant de sucre , membre du conseil général , à Orchies.

Hamoire , Amédée , fabricant de sucre, à Saultain.

Lebret ,   directeur-associé , gérant des mines d'Anzin.

Composition du Bureau.

Président , M. Besson , préfet du Nord , président honoraire de de la chambre de commerce de Lille.

Vice-présidents , MM. Kuhlmann , président de la chambre de commerce de Lille , membre du conseil général du Nord, correspondant de l'Institut de France.

Richebé , maire de la ville de Lille , ancien membre de la chambre de commerce.

Trésorier, M. Rouzé , Théodore , président du tribunal et membre de la chambre de commerce.

Secrétaires , MM. Blondeau , secrétaire de la chambre de commerce.

Legavrian , constructeur-mécanicien.

Delesalle , Emile , membre du tribunal et de la chambre de commerce.

La Commission nommée par la chambre de commerce de Lille pour l'érection d'un monument à l'Empereur Napoléon I.er s'est réunie le 13 janvier 1853.

M. Kuhlmann, président de la chambre de commerce, a fait à l'assemblée l'exposé suivant :

« Messieurs,

» Organe naturel de la chambre de commerce de Lille, je viens en son nom vous présenter quelques considérations sur les motifs qui l'ont déterminée à provoquer l'érection d'un monument à l'Empereur Napoléon I.er et à instituer la Commission dont vous avez bien voulu accepter de faire partie, et dont il importe au début des travaux de bien déterminer la mission.

» Au nombre des trophées conquis par nos armées à la mémorable bataille d'Austerlitz, Napoléon I.er envoya en France des canons pris sur l'ennemi et dont une partie servit à construire le bâtis monumental des balanciers de l'hôtel des monnaies de Lille.

» Lors de la réorganisation des ateliers de cet hôtel, des perfectionnements dans le travail monétaire nécessitèrent la substitution de presses nouvelles aux anciens balanciers, et l'administration des domaines reçut l'ordre de procéder à une vente publique de l'ancien matériel.

» Dès que la chambre de commerce eut connaissance de cette résolution, elle s'adressa à M. le ministre des finances pour lui signaler l'origine des bronzes en question et obtint qu'il fût sursis à la vente.

» Il restait à la chambre à chercher, pour les trophées d'Austerlitz, une destination en rapport avec leur glorieuse origine et qui fût en même temps en harmonie avec ses attributions ; son choix fut bientôt fait. Sa mission de sauvegarder les intérêts de l'industrie avait trop souvent dirigé ses préoccupations vers la fabrication du sucre de betteraves et la filature mécanique du lin, pour que sa première pensée ne fût pas de rattacher les trophées d'Austerlitz aux souvenirs des actes législatifs par lesquels l'Empereur Napoléon I.er a provoqué la création de ces deux grandes industries qui, depuis un demi-siècle, ont si puissamment concouru à élever la prospérité publique de la France.

» Couvrir du prestige de la gloire militaire les conquêtes plus modestes, mais non moins utiles, de nos sciences appliquées à l'augmentation de la richesse publique, signaler à la postérité le génie du grand capitaine, qui, sur le champ de bataille, ne perdait pas un instant de vue les intérêts industriels et commerciaux de la France, et dont les sympathies pour l'industrie nationale se lisent encore à chaque page du *Mémorial de Sainte-Hélène ;* de l'Empereur qui, au milieu des tourmentes de la guerre, pressentant l'avenir du sucre de betteraves et de la filature du lin, signait des décrets, tantôt pour assurer la création d'une école expérimentale pour la sucrerie, à Rambouillet, tantôt pour offrir des récompenses nationales à l'invention de la filature mécanique du lin. Rattacher la gloire de nos armées à la reconnaissance de nos populations agricoles et industrielles, telle a été la première pensée de la chambre, et cette pensée se manifesta bientôt par un acte officiel. Lors de la visite que fit M. le ministre de l'instruction publique à Lille, à l'occasion de l'inauguration de l'École de médecine et du Lycée, la chambre de commerce le pria de présenter au prince à qui la France a confié ses destinées, la pétition dont je vais avoir l'honneur de vous donner lecture ; elle porte la date du 15 novembre 1852 :

« Prince,

» La ville de Lille possède, dans son hôtel des monnaies, des
» balanciers construits avec du bronze provenant de canons pris
» sur les Russes à la bataille d'Austerlitz.
» Une inscription monumentale rappelle aux visiteurs cette
» glorieuse origine.

» Le Gouvernement impérial, en plaçant ces nobles trophées à
» côté de la citadelle de Vauban, grandissait aux yeux des
» étrangers le nom Français. Il rapprochait la gloire de la puis-
» sance.

» Les progrès dans l'art du monnayage ayant nécessité le rem-
» placement des balanciers par des appareils donnant des
» empreintes plus parfaites, l'ordre de vendre à l'encan l'ancien
» matériel était à la veille d'être exécuté, lorsque la chambre de
» commerce de Lille fit connaître à M. le ministre des finances
» l'origine des bronzes de nos balanciers, et en obtint immédiate-
» ment qu'il fût sursis à leur aliénation.

» Un hôtel donné par l'Empereur aux canonniers sédentaires
» de Lille, faisait la part du courage déployé en mainte circon-
» stance par notre population éminemment guerrière ; le don des
» bronzes d'Austerlitz à la Monnaie de Lille était un hommage
» rendu par les armes au génie industriel de notre cité.

» La chambre de commerce, jalouse de conserver à l'industrie
» du pays sa part des témoignages sympathiques du gouverne-
» ment, vient vous supplier, Prince, de lui faire don du bronze
» en question pour qu'elle puisse réaliser son projet d'élever, avec
» ce métal historique, un monument destiné à rappeler à la pos-
» térité la plus reculée, la part que l'Empire a prise au développe-
» ment de l'industrie française ; à rappeler notamment les
» mémorables décrets qui ont servi, en quelque sorte, de ber-
» ceau à l'industrie du sucre de betteraves et de la filature
» mécanique du lin ; industries dont le génie de l'Empereur avait
» pressenti l'avenir, et qui, en réalisant le plus grand progrès
» manufacturier que l'histoire ait jamais consigné, ont contribué
» puissamment au bien-être de notre population ouvrière.

» Au moment de ceindre la couronne impériale, Napoléon III
» ratifiera le don à la ville de Lille du bronze d'Austerlitz ; et, dans
» la destination que veut lui donner la chambre de commerce, il
» verra non-seulement la glorification des idées économiques de
» son oncle, mais aussi la consécration de ses principes per-

» sonnels, dont l'expression, dans une récente occasion, a con-
» cilié les sympathies du monde entier au Gouvernement que la
» nation française est à la veille de consacrer par un vote
» unanime.

» L'Empereur Napoléon III, en assistant à l'inauguration du
» monument projeté par la chambre de commerce de Lille, redira
» à nos agriculteurs et à nos industriels qu'eux aussi concourent
» à la grandeur de la nation ; que les conquêtes pacifiques du
» travail, aussi bien que nos épées et nos murailles, garantis-
» sent l'indépendance du pays, en même temps qu'elles assurent
» à tous la paisible jouissance des bienfaits que Dieu nous a
» départis et que la paix féconde.

» Au nom de la chambre de commerce de Lille.

» *Le président,*
» Signé, F. KUHLMANN. »

» Depuis que sa demande a été introduite, la chambre de
commerce a reçu l'assurance de l'appui sympathique du pouvoir
en faveur de son projet, et le résultat de ses démarches n'est
plus subordonné aujourd'hui qu'aux moyens d'exécution.

» Arrivée à ce point, la chambre de commerce, après avoir
pourvu aux premières dépenses par un vote de 10,000 fr., pro-
duit des jetons de présence attribués à chacun de ses membres,
et que depuis de nombreuses années ils ont voulu réserver pour
les consacrer à un emploi utile aux intérêts placés sous leur
sauvegarde, la chambre, dis-je, a voulu associer à ses travaux
les hommes qui lui ont paru le mieux en position de seconder ses
vues par leur dévouement connu aux intérêts publics, et la place
élevée qu'ils occupent dans l'administration ou dans l'industrie.

» Le but de la chambre de commerce, en instituant cette commission, vous étant connu, il me reste à vous dire, Messieurs,
que la chambre n'a entendu en rien restreindre vos attributions,
qu'elle se contente, en vous apportant ses économies, de vous
dire : vous connaissez mes vues, réalisez-les d'une manière digne

du grand nom que le monument projeté est appelé à glorifier d'une manière digne des grands actes législatifs dont il est appelé à perpétuer le souvenir; et, lorsque votre œuvre sera accomplie, placez-la sous la garde de la chambre de commerce. Quel que soit le résultat de vos efforts, Messieurs, je me rends d'avance garant des sentiments de reconnaissance de la chambre de commerce, comme d'avance je puis vous assurer qu'en cette circonstance elle sera l'écho de la France entière. »

A la suite de cet exposé, la Commission a procédé à l'organisation de son bureau, qu'elle a composé de la manière suivante :

Président.

M. Besson, préfet du Nord, président honoraire de la chambre de commerce.

Vice-Présidents.

MM. Kuhlmann, membre du conseil général du Nord, président de la chambre de commerce.

Richebé, maire de Lille, ancien membre de la chambre de commerce.

Trésorier.

M. Th. Rouzé, président du tribunal et membre de la chambre de commerce.

Secrétaires.

MM. Al. Blondeau, secrétaire de la chambre de commerce.

Legavrian, ingénieur-mécanicien.

Em. Delesalle, membre du tribunal et de la chambre de commerce.

M. le Préfet, en prenant place au fauteuil, a adressé, au nom de l'assemblée, des remerciements à la chambre de commerce qui a conçu le projet du monument, et à son honorable président qui a traduit ses intentions d'une manière si sympathique.

La Commission a décidé qu'une souscription serait ouverte à l'effet d'ajouter au large subside voté par la chambre de commerce, les fonds nécessaires à l'accomplissement de l'œuvre.

Tous les membres présents se sont immédiatement inscrits,

pour une somme de 50 fr. chacun , en tête de la souscription qui est dès aujourd'hui ouverte.

La Commission a décidé enfin que l'exécution du monument , dont l'emplacement sera ultérieurement désigné , serait confié à M. Lemaire , de Valenciennes , membre de l'Institut et l'un des représentants du Nord au Corps législatif.

La Commission instituée par la chambre de commerce pour l'érection d'un monument à l'Empereur Napoléon I.er s'est réunie de nouveau le jeudi 20 janvier.

Le but de la réunion était de conférer avec l'artiste auquel la Commission a confié l'exécution du monnment, et d'en arrêter l'emplacement, la forme, les dimensions et les principales dispositions.

M. Lemaire était arrivé à Lille dès la veille, et il avait visité avec le président et l'un des vice-présidents de la Commission, les locaux que la ville de Lille peut offrir, et qui laissent malheureusement beaucoup à désirer sous le double rapport des convenances artistiques et des nécessités de la circulation.

Les locaux successivement visités sont : la place vis-à-vis la halle, la place Saint-Martin, la place du Théâtre, la place de la Mairie, la cour de l'Hôtel-de-Ville et la Bourse.

L'artiste et les membres de la Commission ont reconnu l'impossibilité d'élever sur l'un des cinq premiers points, un monument pans les conditions du programme, c'est-à-dire *un monument destiné à consacrer la reconnaissance du pays pour la haute protection dont l'Empereur Napoléon I.er a entouré l'industrie, et à perpétuer le souvenir des actes législatifs par lesquels il a provoqué la création de la fabrication du sucre de betteraves et de la filature mécanique du lin.*

La cour de la Bourse a paru au contraire merveilleusement disposée à recevoir le monument qui, par sa destination, doit d'ailleurs être nécessairement placé au centre de l'activité commerciale.

La Bourse a donc été choisie, et les objections qui, dans la première séance, avaient été produites sur l'exiguité du local, ont disparu devant les sympathies de l'artiste et les assurances bien positives qu'il a données, que les craintes exprimées à ce sujet n'avaient aucun fondement.

Il a été formellement déclaré par M. le président de la chambre de commerce, au nom de ce corps, qu'aussitôt l'inauguration du monument, les portes extérieures de la Bourse ne seraient fermées que pendant la nuit.

M. Lemaire avait eu le temps de jeter sur le papier un projet qu'il a placé sous les yeux de la Commission et qui lui a paru convenablement conçu.

D'après ce projet, le monument consisterait dans la statue en pied de Napoléon I.er en costume impérial, tenant d'une main le sceptre et étendant l'autre sur les attributs de l'industrie et en particulier du sucre de betteraves et de la filature de lin, placés à ses pieds.

La statue serait élevée sur un piédestal dont les faces, ornées de bas-reliefs, contiendraient des inscriptions rappelant l'origine et le but du monument.

La hauteur du monument serait de cinq mètres environ, dont moitié pour la statue.

Ce projet comporte immédiatement le dallage en marbre de la cour de la Bourse, et dans l'avenir, l'ornementation des façades intérieures, au moyen des ressources dont la chambre de commerce pourra disposer.

Monsieur Lemaire s'est engagé à terminer complétement le monument, de manière à permettre que l'inauguration puisse avoir lieu en juin 1854.

Si les ressources de la commission le comportent, une médaille commémorative de l'inauguration du monument sera offerte à chaque souscripteur dont la souscription se sera élevée à 50 fr.

[Lille-Imp.L. Danel.]